COLLECTION DE M. H. W...

AQUARELLES, DESSINS

PAR

Félicien Rops

COMMISSAIRE-PRISEUR :

M. GEORGES DUCHESNE
6, Rue de Hanovre.

EXPERTS :

MM. BERNHEIM JEUNE ET FILS
8, Rue Laffitte
36, Avenue de l'Opéra

PARIS. — IMPRIMERIE GEORGES PETIT

12, RUE GODOT-DE-MAUROI, 12

Collection de M. H. W...

AQUARELLES, DESSINS

GRAVURE ET PEINTURES

PARIS — IMPRIMERIE GEORGES PETIT

12, RUE GODOT-DE-MAUROI, 12

CATALOGUE

DES

Aquarelles, Dessins

GRAVURE & PEINTURES

PAR

Félicien Rops

COMPOSANT LA

COLLECTION DE M. H. W...

ET DONT LA VENTE AURA LIEU

HOTEL DROUOT, SALLE N° 9

LE LUNDI 7 FÉVRIER 1898

A DEUX HEURES

COMMISSAIRE-PRISEUR :	EXPERTS :
Mᵉ GEORGES DUCHESNE	MM. BERNHEIM JEUNE & FILS
6, Rue de Hanovre.	8, Rue Laffitte,
	36, Avenue de l'Opéra.

EXPOSITIONS :

PARTICULIÈRE : le Samedi 5 Février 1898, de 1 heure à 5 heures.
PUBLIQUE : le Dimanche 6 Février 1898, de 1 heure à 5 heures.

ENTRÉE PAR LA RUE GRANGE-BATELIÈRE

CONDITIONS DE LA VENTE

La vente sera faite expressément au comptant.

Les acquéreurs paieront *cinq pour cent*, en sus des eⁱchères.

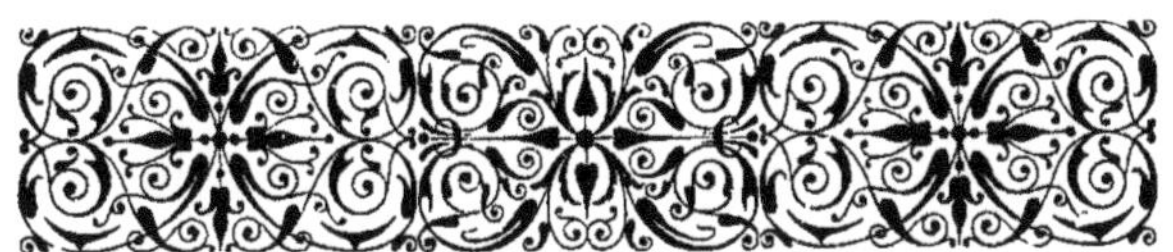

PRÉFACE

Après tout, pourquoi pas ? puisque ce sont toujours des choses nouvelles découvertes chez l'artiste aimé, et fécondant des pensers nouveaux.

Lorsque, pour la besogne coutumière, qui nous conduit chaque jour des sommets de Montmartre aux basses rives de la Cité, nous traversons le Pont-Neuf ou le Pont-au-Change, il nous monte parfois au cerveau le souvenir mélancolique des mêmes chemins quotidiennement parcourus durant tant d'années, des mêmes lieux constamment traversés et vus, et notre regard, reprenant une instinctive direction, tantôt à droite, tantôt à gauche, file le long du fleuve, cherchant la perspective connue et chérie des rivages parisiens. L'eau coule toujours la même, les quais aussi ; nul monument nouveau ne trouble les masses d'architecture consolidées par les siècles ; et cependant tout a changé. Suivant l'heure du jour, la fantaisie des nuages, de la pluie, du soleil ou du vent, des couleurs diverses, des reflets, des ombres modèlent, en de perpétuels recommencements, les contours qui, la veille encore, semblaient immuablement définitifs. Et l'apparente stabilité de la grande ville, tout à coup vacillante sous l'œil ami qui la fouille et l'interroge, s'avoue malléable comme la cire et versicolore autant que le caméléon.

De même l'œuvre du génial artiste.

Et c'est l'excuse qu'il me plaît d'invoquer, en préfaçant, pour la troisième fois depuis un an, la vente d'une collection « ropsienne ».

Car nul ne fut plus que Rops fertile en aspects divers, nul ne troubla plus profondément ses spectateurs, nul n'excita des jugements plus variés. A ce point qu'en relisant les pages écrites sur lui par les plumes les plus illustres, on croit y relever d'abord les plus invraisemblables contradictions du jugement humain, alors qu'il conviendrait d'y constater l'infinie variété des caractères auxquels Rops impose, pour des causes diverses, sa redoutable autorité.

Rops est profond, macabre, cruel, sensuel, douloureux souvent.

Que sa puissance s'affirme surtout dans les formidables étreintes de la chair inquiète, nous ne songeons point à le contester.

Mais il sait, à son heure, prendre d'autres allures. Et, de même qu'il fut tendre, élégant, dramatique et pervers, il peut, en manière de délassement, par une heureuse reprise de la nature, s'abandonner à la gaieté, à la plaisanterie, à l'esprit gaulois, tout comme un Rabelais du crayon.

C'est à ce point de vue notamment que cette collection mérite l'attention et l'éloge.

Une vingtaine de dessins, mis en vente aujourd'hui, firent partie, jadis, de deux albums célèbres exécutés pour un bibliophile distingué, M. N..., vers 1880. Exécutées au jour le jour et livrées pièce à pièce, pendant deux ou trois ans, ces compositions, aussi variées de sujet que de procédé, furent d'abord réunies, au nombre de cent quatorze, en deux gros volumes, sous le titre général de : *Cent légers croquis pour réjouir les honnestes gens.* Des frontispices humoristiques divisaient l'œuvre de dizain en dizain, et l'on peut dire que Rops, dans ces pages rapides, a effleuré toutes les matières de la vie humaine avec une verve et une dextérité merveilleuses.

Le n° 1 nous reporte aux temps maudits de la *Commune*. L'officier de garde nationale fédérée, avec ses multiples galons, ses bottes à l'écuyère, ses écharpes, évoque nettement le souvenir de cette mascarade sinistre où tant d'héroïques naïvetés sombrèrent en de féroces égarements. Rien de triste pourtant dans ce souvenir lugubre, grâce au costume si intime de la bonne sœur, grâce aussi à l'expression si peu troublée de son visage et au sourire évidemment indulgent du guerrier inquisiteur. On y devine tout d'abord que ce n'est pas à coups de sabres que la visite se terminera.

Les n°ˢ 4, 5, 14, 21, nous promènent à travers des intimités féminines exemptes de prétention mais non de charme. Dans *Au Feu !* l'apparition du brave pompier, sa lance à la main, au seuil du cabinet de toilette où on ne l'attendait guère, est purement comique. Mais le mouvement maladroitement pudique de la jolie femme, surprise presque nue, fixe une charmante improvisation de la coquetterie en détresse. Et quels délicieux rideaux roses !

Si jeunesse savait ! Éternelle comédie où l'adolescent joue si sottement les inutilités ! Rôle incompréhensible devant la robuste architecture de la femme rousse, en chemise et en corset, qui peut compter parmi les plus fermes silhouettes tracées par le crayon du maître.

Toute autre est la structure de la victime de *La Puce*. Mince, effilée, presque grêle, elle présente une sorte de parenté avec l'insecte qui la dévore. C'est un contraste intéressant avec la précédente, et la tonalité verdâtre enveloppant l'ensemble est assez rare dans l'œuvre de l'artiste pour mériter l'attention.

Enfin l'*Étude du piano* offre une *étude* de nu plus intéressante que les gammes ou les arpèges de la musicienne.

Quelques satires de la vie religieuse, toutes empreintes d'une bonhomie narquoise qui désarme l'indignation, sont traitées avec un soin particulier. Certainement, nous n'avons pas l'habitude d'imaginer les nonnes dans l'attitude où celle du n° 9 attend les soins du père apothicaire. Mais la présence de la sœur converse, qui tient en ses mains l'instrument sauveur, nous est un gage certain des attentions purement médicales dont la jeune fille sera l'objet.

L'aventure advenue à la servante du curé, en vendangeant l'espalier qui garnit le mur du presbytère, est un peu plus troublante. Certes, c'était le devoir du curé de tenir l'échelle pour empêcher la chute. Mais cette maudite échelle, ayant rompu sous le poids des trop robustes appâts de la servante, et la jupe s'étant malencontreusement accrochée, il en résulte une apparition tellement joufflue qu'elle doit éveiller un trouble profond dans l'âme chaste de l'ecclésiastique.

Tout empreint de naïveté vertueuse, le n° 15 nous montre un prêtre et une jeune religieuse s'efforçant de maintenir chien et chienne en une tenue convenable, mais évidemment contraire aux mutuels appétits de leur nature. La scène est vive, alerte et d'un beau dessin.

Le moine qui scrute les Vénus, dans le n° 68, n'est pas un libertin. Sa bonne figure, soulignée par ses lunettes, révèle un sincère collectionneur. La preuve en est dans la direction de son regard resté fidèle au plâtre, quoique le minois du modèle, riant derrière son rideau, mérite de le faire loucher. Les *Prêtresses de saint Joseph* (n° 50) sont peut-être le meilleur morceau de cette série. Le type de ces pieuses, mais ironiques créatures, est très étudié et l'exécution des plus serrées.

Abordant un tout autre ordre d'idées, Rops a pénétré au fond des coulisses des baraques foraines; il y a surpris les secrets de l'arrière-boutique des artistes nomades, et, sous le n° 6, il nous fait assister à un drame épique : la lutte du clown, du bon clown à tout faire, contre le corset récalcitrant de la patronne, la « Belle Indienne » de la troupe, dont les formes opulentes refusent énergiquement de céder aux pressions

des baleines et du coutil. La fermeté du trait et
la finesse du coloris font de ce numéro un dessin
très remarquable.

Les frontispices de chaque dizain ont toujours passé pour les meilleurs morceaux du re-
cueil. Nous en retrouvons trois ici : *la Vérité*
(n° 7), *la Toilette à Cythère* (n° 10) et *l'Hippodrome de Cythère* (n° 18). Ils méritent une spé-
ciale estime, à raison surtout des multiples petits
personnages qui les animent et les égaient, en
tourbillonnant autour du sujet principal. Ce sont
des amours exerçant des fonctions diverses. Ici,
ils s'efforcent de tirer la *Vérité* de son puits pour
s'en inspirer dans leurs peintures ou leurs écrits ;
là, transformés en parfumeurs empressés, ils por-
tent à Vénus les fards et les onguents de beauté ;
parfois ils font les clowns ; mais toujours ils
personnifient l'*Amour* de Rops, sa création, son
enfant, et l'un de ses meilleurs ; non pas un
frère des amours de Boucher ou d'Eisen, mais
un amour du xix siècle, de race nouvelle et indé-
pendante. Foin des rondeurs soufflées, des car-
nations roses et molles, des cheveux blonds bou-
clés ! Vieux jeu que tout cela ! L'*Amour* de Rops
est un petit bonhomme trapu, râblé, carré,
d'allure impertinente et de geste audacieux. Il
promène à travers les alcôves, les chemins ou
les nuages, ses audaces de gamin, son effronterie

de page, soutenues par ses muscles d'athlète. Ignorant les obstacles, il ne connaît pas de méchantes, car, à première vue, on sent que ses biceps enfonceurs de portes, cambrioleurs de fenêtres, arracheurs des importuns vêtements, infligent sûrement, à la victime désignée, les irréparables défaites. L'Amour n'est plus le dieu sournois et minuscule, mais, bien plus redoutable, il est le fils d'Hercule, apte aux mille succès de ses mille travaux, ou la ruse n'est rien.

Par lui les écheveaux d'Omphale dédaignés, sous ses pieds, en tapis, s'étendent alignés, et sa rage, qui dompte à son gré les plus belles, ce que *l'autre* implorait, l'exige des cruelles. L'ancien Amour n'est qu'un faux dieu. Celui-ci est le vrai. Rops l'écrit et le prouve. Et, lorsqu'il voltige, apportant à Vénus lassée les fards qui raniment la beauté sur les visages flétris, dans la *Toilette à Cythère*, lorsqu'il encourage, dans l'*Hippodrome,* les acrobaties de son écuyère favorite, où lorsqu'il hisse la *Vérité,* en bas noirs, des profondeurs de son puits, il apparaît clairement que toute tentative des victimes pour discuter ses entreprises subirait les plus humiliants échecs. Il faudra que la *Déesse* rousse retrouve ses appâts pour satisfaire sa fantaisie, que la sauteuse traverse franchement le cerceau tendu à ses jambes agiles, et enfin que la

Vérité, telle quelle, monte au jour pour régaler l'œil libertin de ce polisson, mais irrésistible *Amour*. Sinon le bâton, la chambrière ou la corde aurait vite raison des intempestives rebellions :

> *Sic volo, sic jubeo ; sit pro ratione voluntas.*

Convenons d'ailleurs que notre Amour y met des formes ; et qu'avant d'en venir à ces pénibles extrémités, il ne dédaigne pas les séductions de la douceur, envoyant des fleurs, distillant les parfums et rédigeant, en vers, les poulets à Chloris.

Ces trois aquarelles prennent place parmi les plus spirituelles du maître.

Mais si cette réunion anecdotique et plaisante méritait d'être notée, il s'en faut que M. H. W... ait borné là son ambition. A côté, et, je puis dire, au-dessus de ces agréables sélections, il a placé quelques œuvres supérieures, dont l'importance nous élève aux plus hautes conceptions de cette imagination géniale.

La *Femme au pantin* orna d'abord le cabinet du premier collectionneur de Rops, où il excita, pendant de longues années, la jalousie de ses amis. La voici en vente publique et l'acquéreur possédera un dessin au crayon noir d'une exécution exceptionnelle. La facture, digne de l'idée, ne laisse place à aucune critique. Sur le visage féminin dur et séduisant, dirigé sans pitié vers le fantoche éventré si léger à la petite main qui le supporte, tous les traits caractéristiques des physionomies ropsiennes accentuent leurs saillies lapidaires. La volonté des sensualités impitoyables y révèle les mystères de ce crâne puissant. Et, soumis à l'obsession de ce regard, le critique oublie l'archaïsme un peu démodé d'un costume qui vous ramène à l'année, combien lointaine, de 1873.

Plus sombre encore et plus poignante, par un procédé aussi simple, la face émaciée de la *Femme au lorgnon* (n° 37), inflige au cerveau une singulière hantise. Ici, plus de rondeurs d'épaules, plus de seins abondants, plus de fanfreluches pittoresques, faisant diversion à l'angoisse du spectacle. Seul le masque désolé et terrible émerge de la nuit des ombres sur un col tordu. Seul il captive la vue, la retient et la déroute. Vers quelles infamies glissent ces yeux hagards bordés de kohl ? Quelles injures bavent ces lèvres minces et crispées? Quelles luxures ont tendu les nerfs, dépouillé les muscles, vidé les os de cette gorge décharnée ? Mystère d'humanité humiliante où s'égare le rêve !

Certains ont voulu voir là une première idée de la célèbre *Buveuse d'absinthe* confisquée par l'Angleterre et dont la photographie seule nous a révélé l'atroce déchéance. Il n'est pas impossible que le même modèle ait inspiré les deux têtes, mais la nôtre, avec les mêmes stigmates, renferme une variété d'expression plus intéressante que la grande figure en pied. C'est la synthèse lamentable de la basse prostitution en ruines.

Les Amies vont dissiper ce cauchemar. Ce n'est pas que le vice manque à la fête. Oh ! non ! mais comment tenir rigueur à cette admirable fille blonde des largesses qu'elle fait de son corps, de sa peau nacrée, de ses cheveux d'or, de ses rondeurs épanouies ? Certes, la brune *amie* qui veille, toute vêtue, sur sa nudité provoquante, révèle effrontément, par l'éclat de ses yeux d'acier, une intimité trop jalouse. Mais la nature impose à certaines créatures l'affranchissement des règles vulgaires. Comblées au delà des parts communes, elles croient devoir répandre, en proie facile, les trésors dont elles furent comblées et l'excès de leurs largesses cherche une excuse en la bienfaisance qui les inspira. Que si, sortant des bornes convenues des vices policés, elles se hasardent dans des aventures où des curiosités défendues trangressent les licences usitées, il faut leur pardonner quand leur ingénuité s'étale en d'aussi naïves postures. A les voir ainsi rapprochées, mutuellement confiantes, le sourire aux lèvres et le plaisir aux yeux, nul n'imaginera que leur conscience trouble jamais leurs abandons, et la responsabilité s'évade par les fissures de ces raisons démantelées. Et surtout la main qui peignit ces figures, les enveloppa d'un invincible prestige de couleur et de poésie. Tout est permis à celles que Rops enfanta luxueusement pour de telles destinées !

Ces lignes rapides n'ont pas l'ambition de juger toute cette collection, mais seulement d'en relever certains aspects au gré de notre goût personnel et par lignes principales. Bien d'autres dessins de grande valeur y exciteront de chaudes enchères. Tels : *La Messagère du Diable* (n° 17); *La Croix*, une superbe étude pour *La Tentation de saint Antoine*, le chef-d'œuvre de Rops, qui, après vingt ans de séjour en Belgique, s'est récemment fixé chez un grand collectionneur parisien; le magistral projet du frontispice des *Épaves* (n° 26), *La Sirène* (n° 34). Chacun, à des titres divers, mérite des éloges fervents.

Enfin, chose rare, une *Marine* (n° 73) et un *Paysage* fournissent des échantillons précieux des toiles de l'illustre graveur, qui sait, quand il lui plaît, donner aux peintres de grandes et de terribles leçons.

Heureux ceux qui les posséderont.

E. RAMIRO.

AQUARELLES

---

1 — *Perquisition.*

Un officier de la garde nationale fédérée, riche-
ment galonné et botté, vient d'ouvrir la porte de
la Sœur supérieure.

Celle-ci, en chemise, sur le point de se mettre
au lit, ne semble point trop effrayée de cette indis-
crétion révolutionnaire.

A fait partie de l'Album des *Cents légers Croquis pour réjouir les honnestes gens*, exécutés de
1878 à 1881 pour un amateur, M. N...

Haut., 22 cent.; larg., 15 cent.

2 — *Juillet.*

Au bord de la rivière, une jeune canotière, sans
autre costume qu'une légère ceinture de sauve-
tage, se prépare à s'embarquer dans une yole
qu'elle met à flot.

Époque 1893.

Haut., 19 cent.; larg., 28 cent.

3 — *Les Amies*.

Une belle fille blonde, assise de face au milieu de ses vêtements épars, appuie sur son bras droit sa tête souriante.

Accoudée sur le dossier de son siège, dans une attitude protectrice et presque menaçante, *l'amie*, brune aux yeux bleus, vêtue, chapeau sur la tête, semble défier un invisible spectateur.

Œuvre d'une qualité exceptionnelle.

Haut., 31 cent.; larg., 21 cent.

4 — *Au Feu !*

Dans l'intimité du cabinet de toilette et au moment du déshabillage le plus complet, une jeune femme voit surgir, avec terreur, un pompier, sa lance à la main.

A fait partie de l'Album des Cent Croquis.

Haut., 22 cent.; larg., 15 cent.

5 — *Si Jeunesse savait.*

Debout, dans un déshabillé des plus galants, devant sa toilette, une jeune femme rousse lace lentement son corset bleu. Devant elle, assis sur un canapé, un jeune homme en habit noir la contemple avec plus de curiosité que d'empressement.

A fait partie de l'Album des Cent Croquis.

Haut., 22 cent.; larg., 15 cent.

6 — *Les Coulisses des Saltimbanques.*

Un clown lace péniblement le corset d'un premier sujet aux formes opulentes. — Un des plus beaux dessins de l'Album des Cent Croquis.

Haut., 25 cent.; larg., 15 cent.

7 — *La Vérité.*

D'un puits à la margelle ébréchée, la Vérité vient d'être hissée par une troupe de petits amours, pendus avec acharnement à la corde de la poulie. C'est sans doute une demi-Vérité, car elle porte un petit chapeau, des bas et des bottines fines. Un amour volant lui apporte un bouquet, d'autres lisent, écrivent, peignent ou vagabondent autour d'elle. En haut on lit, inscrit au crayon : « Cent légers croquis sans prétentions pour réjouir les honnêtes gens. Premier dizain. » En bas, sur une tablette : *Homo sum et nihil mulieris a me alienum puto.* — TÉRENCE.

Premier frontispice de l'Album des Cent Croquis.

Haut., 22 cent.; larg., 15 cent.

8 — *Le Miroir de coquetterie.*

Large esquisse, sur fond rouge, de la figure de femme demi-nue, gravée sous ce titre.

Haut., 25 cent.; larg., 15 cent.

9 — *Le Clystère.*

Dans la modeste cellule d'un couvent, une jeune
novice, étendue sur le ventre, reçoit pudiquement
les soins très intimes qui lui sont administrés par
un frère apothicaire, assisté d'une brave sœur
portant dévotieusement l'instrument du docteur
Aiguisier.

Faisait partie de l'Album des Cent Croquis.

Haut., 22 cent.; larg., 15 cent.

10 — *La Toilette à Cythère.*

Une jeune femme rousse, coiffée d'un petit
casque de Folie et portant des bas bleus, assise sur
une draperie violette, se mire attentivement dans
un miroir ailé. Autour d'elle voltigent des amours
empressés à lui apporter tous les raffinements de
la toilette féminine, tels : l'eau des Fées, le Lubin,
l'Iris, etc.

En haut, à droite, on lit le titre ci-dessus et, à
gauche : « Huitième dizain. »

Frontispice de l'Album des Cent Croquis.

Haut., 22 cent.; larg., 15 cent.

11 — *Première Pose.*

Figure nue, à mi-jambes.
Époque de 1892.

Crayons de couleurs et pastels.

Haut., 31 cent.; larg., 17 cent.

12 — *La Vigne du Curé.*

Une robuste servante est surprise, au milieu de
ses fonctions de vendangeuse, par une catastrophe
imprévue. L'échelle, qui lui permettait d'atteindre
au sommet d'un espalier, s'est brusquement rom-
pue et le curé qui la maintenait se voit obligé de
contempler, sous les jupes de sa bonne retroussée,
une foule d'objets absolument profanes.

A fait partie de l'Album des Cent Croquis.

Haut., 22 cent.; larg., 15 cent. 5.

13 — *A l'Atelier.*

Assis sur l'escabeau drapé, un vigoureux modèle à la chevelure rousse, vu de dos, garde
tranquillement la pose.

En bas, on lit le titre et la date 1895.

Dessin rehaussée.

Haut., 43 cent.; larg., 29 cent.

14 — *La Puce.*

Une jeune femme en costume de nuit, de trois-quarts à gauche cherche, sur sa cuisse effilée, l'indiscrète bestiole.

Époque 1876.

Haut., 21 cent., larg., 15 cent.

15 — *O nature.*

Une jeune religieuse s'efforce de retenir la chienne, qu'elle tient en laisse, visiblement attirée vers un cabot qui s'étrangle pour échapper à la chaîne d'un digne ecclésiastique.

A fait partie de l'Album des Cent Croquis.

Haut., 22 cent.; larg., 15 cent.

16 — *Massage.*

Un vieux docteur vu de face, masse scrupuleusement les reins d'une jeune femme nue étendue à plat ventre sur le lit consacré à ces soins.

A fait partie de l'Album des Cent Croquis.

Fond rouge.

Haut., 22 cent.; larg , 15 cent.

I7 — *La Messagère du Diable.*

Sur un divan vert, une jeune femme, vue de dos, lit la lettre que vient de lui apporter une vieille duègne au châle rouge.

A été gravé sous ce titre.

Haut., 12 cent.; larg., 20 cent.

18 — *Hippodrome de Cythère.*

Une jeune femme nue, tenant d'une main une marotte, et de l'autre un drapeau portant la légende ci-dessus, saute d'un cheval de bois à travers un cerceau en papier où on lit : « Quatrième dizain. » Autour d'elle, une dizaine de petits amours figurent les clowns, régisseurs et musiciens composant la troupe classique des cirques.

Un des frontispices de l'Album des Cent Croquis.

Haut., 23 cent.; larg., 16 cent.

19 — *En Canot.*

Assis à la pointe de leur bachot, canotier et canotière, en costume de bain, font une bonne partie de cartes.

A fait partie de l'Album des Cent Croquis.

Haut., 22 cent.; larg., 15 cent.

20 — *La Croix* (Étude pour la *Tentation de saint Antoine*).

La croix se détache lugubrement sur un ciel d'un bleu sombre. Le Christ en a disparu ; il est remplacé par l'apparition néfaste d'une femme. Elle est nue et s'offre passionnément, dans le voile de gaze noire qu'elle soulève de ses deux mains crispées.

Haut., 30 cent.: larg., 20 cent.

21 — *L'Étude.*

Une jeune femme, absolument dépourvue de costume, exécute des variations sur son piano, tandis que sa soubrette lui apporte son café.

A fait partie de l'Album des Cent Croquis.

Haut., 22 cent.; larg., 15 cent.

22 — *La Femme à la jarretière (Le Coup de la jarretière).*

Une jeune femme, très décolletée, assise de face sur un canapé bleu, de ses mains haut gantées de gris-perle rattache ostensiblement sa jarretière, guignée par le monsieur qu'on devine derrière elle.

DESSINS REHAUSSÉS

CROQUIS DE COULEUR

---

23 — *La Femme au pantin.*

Une femme en toilette de bal, décolletée, accoudée sur une table, contemple un polichinelle éventré qu'elle tient de la main gauche. Signé : *Félicien Rops, 1873.* Figure à mi-jambes.

Cette composition n'a pas été gravée.

Dessin au crayon noir d'une exécution très poussée.

Haut., 41 cent.; larg., 27 cent.

24 — *La Dame en noir.*

Une femme en toilette de bal, décolletée, debout, appuie contre sa jambe un éventail qu'elle tient de la main gauche.

Haut., 17 cent.; larg., 10 cent.

25 — *Caricature.*

Un personnage de profil à gauche, le nez aquilin, aux longs cheveux, appuie sa tête sur sa main droite. Étude pour une caricature gravée dans le journal l'*Uylenspiegel*, en 1856.

Crayons noir et de couleur.

Haut., 5o cent.; larg., 3o cent.

26 — *Les Épaves.*

D'un buisson de Fleurs du mal surgit un squelette, dont les bras s'élèvent en mille rameaux épars. Au-dessus, porté par un hippogriffe femelle, un petit portrait du poète Baudelaire. A l'entour de petits amours voltigent, chantant ses vers sur des instruments de musique variés.

En bas, le cheval de la Mort, ailé, passe au triple galop derrière un cartouche ovale où est esquissé la silhouette d'une autruche avalant un fer à cheval. Autour on lit : *Virtus durissima coquit.* Première idée du frontispice des *Épaves.*

Haut., 41 cent.; larg., 27 cent.

27 — *Femme de l'île de Lasso.*

Une jeune femme, debout, de face, en costume rappelant celui des bourgeoises finlandaises, semble regarder vers la droite.

En bas, on lit : « Ile de Lasso, 1874. »

Crayon.

Haut., 22 cent.; larg. 17 cent.

28 — *Le Pendu de Levallois-Perret.*

Dans la forge, devant le foyer, le pendu grimace
les derniers spasmes de son agonie.

A été gravé.

Haut., 21 cent.; larg., 13 cent.

29 — *Quatre heures du matin.*

Au coin d'une rue, une fille, presque nue, tente
un suprême effort pour vaincre l'indifférence du
passant.

Haut., 22 cent.: larg., 15 cent.

30 — *Le Faune vaincu.*

Sur le faune à quatre pattes qu'elle tient en
bride, une jeune bacchante nue chevauche nonchalamment.

Haut., 22 cent.; larg., 15 cent.

31 — *"Diaboli virtus in lombis."*

Très beau dessin au crayon noir. A été gravé
comme frontispice pour un livre de Peladan.

Haut., 27 cent.; larg., 17 cent.

32 — *Portrait.*

Étude de buste d'homme, de face. Vers 1857.

Haut., 11 cent.; larg., 8 cent.

33 — *Le Père Muck.*

Il est assis, de dos, devant son pupitre portant
la partition de la *Dame Blanche.*

Plume.

Haut., 18 cent.; larg., 14 cent.

34 — *La Sirène.*

Étendue sur son rocher en un spasme plein de
langueur, la sirène jette son dangereux appel ; à
ses pieds, deux crânes humains.

A été gravé.

Crayon noir.

Haut., 23 cent.; larg., 36 cent.

35 — *Galant entretien.*

Une femme très décolletée, assise de profil à
gauche, se tourne vers un vague Méphisto, qu'elle
écoute distraitement.

Croquis. Vers 1856.

Haut., 28 cent. 1/2; larg., 21 cent.

36 — *Chez le médecin-major.*

Devant l'inflexible major, la cantinière, vue de
dos, passe au conseil de revision dans la tenue
réglementaire.

Haut., 21 cent. 1/2; larg., 15 cent.

37 — *La Femme au lorgnon.*

Un visage de femme ravagé par la débauche, les yeux maquillés de noir, s'incline vers la droite avec une allure de bataille. Buste trois quarts nature.

A été lithographié par Rops et admirablement gravé en fac-similé par Bertrand.

Crayon noir.

Haut., 36 cent.; larg., 26 cent.

38 — *Bacchante.*

Étendue sur le flanc, le bras droit très relevé.

Haut., 21 cent.; larg., 33 cent.

39 — *La dernière Maja.*

Une jeune Andalouse, vue de dos, légèrement décolletée, assise sur le coin d'un banc, joue nonchalamment de la guitare.

En bas, on lit: « Grenade. »

Haut., 23 cent.; larg., 15 cent.

40 — *Les adieux d'Auteuil.*

Dans un coin mystérieux du Bois de Boulogne, deux jeunes femmes, dans le costume du second Empire, s'embrassent tendrement. Au verso, une épreuve d'état de la gravure du même sujet.

Plume et crayon noir.

Haut., 24 cent. ; larg., 16 cent.

41 — *Vieille fileuse.*

Croquis aux crayons de couleur.

Haut., 11 cent.; larg., 17 cent.

42 — *Curiosité scolaire.*

Aux Tuileries, un jeune potache, sa serviette sous le bras, est grimpé sur une chaise, pour examiner de plus près des détails anatomiques prohibés de ses études, sur une statue de Diane appuyée sur son arc.

A fait partie de l'Album des Cent Croquis.

Haut., 23 cent.; larg., 15 cent.

43 — *Le Sire de Lumey.*

A été gravé par le maître, dans la légende de
l'*Uylenspiegel* de Charles de Coster, 1869.

Haut., 22 cent.; larg., 15 cent.

44 — *Étude pour l'*Uylenspiegel.

Un bonhomme, vu de dos, en maillot, paraît
allaiter au biberon un poupon qu'il tient dans ses
bras.

Croquis au crayon noir. Vers 1856.

Haut., 24 cent.; larg., 18 cent.

45 — *Oiseaux de nuit.*

Par la neige, Alphonse et sa gigolette, tendrement enlacés, regagnent le commun logis, mais,
au coin de la rue, un rival menaçant les guette...

A fait partie de l'Album des Cent Croquis.

Haut., 22 cent.; larg., 15 cent.

46 — *Vieille Femme.*

En large bonnet, de face, elle se prépare à sa-
vourer son café au lait; son corsage est orné de
tulipes.

Plume.

Haut., 20 cent.; larg., 13 cent. 1/2.

47 — *Nature morte.*

Poëlon, vase, cornue, poire à poudre, album, fœtus, etc.

A droite, un autographe.

Plume.

Haut., 17 cent.; larg., 22 cent.

48 — *Femme algérienne.*

Debout, de face, largement enveloppée dans son burnou, elle supporte de la main gauche une cruche.

En haut, à gauche, une étude de tête.

En bas, on lit : *Sidi-Okba, 1888.*

Plume.

Haut., 28 cent.; larg., 21 cent.

49 — *Le Botaniste.*

Un bonhomme regarde à la loupe une tige de gentiane. A côté, on lit : « Voyons, M. Félicien, si vous connaissez un athée sincère, car j'espère que de telles personnes n'existent pas, pour l'honneur de l'humanité, qu'il vienne ! Je lui montrerai ce *Limodorum Abortivum* et il dira avec moi : Admirons la puissance de Dieu ! pas vrai ? »

Dessin à la plume.

Haut., 8 cent.; larg., 20 cent.

5o — *Les Prêtresses de saint Joseph*.

Devant un pauvre petit saint de bois, très incomplet, trois bonnes femmes d'allures diverses se livrent à de pieuses démonstrations, mêlées d'étonnements profanes.

A fait partie de l'Album des Cent Croquis.

Crayon noir, rehaussé de sanguine.

Haut., 22 cent.; larg., 15 cent.

51 — *Aspects divers*.

Sur la glace, un élégant patineur vient de tomber, en provoquant la chute de deux jeunes filles, dont la pudeur paraît légèrement compromise.

Crayon noir, légèrement rehaussé.

Haut., 22 cent.; larg., 15 cent.

52 — *Ange de féérie*.

Dans les couloirs, une figurante en maillot, costumée seulement d'une vaste paire d'ailes, attend paisiblement, assise, l'heure de l'apothéose.

Devant elle, un régisseur, debout, lui donne les derniers conseils.

A fait partie de l'Album des Cent Croquis.

Crayon rehaussé d'aquarelle.

Haut., 25 cent.; larg., 16 cent.

53 — *La Dame à l'éventail.*

Accoudée sur le dossier d'un fauteuil, un éventail à la main, une jeune femme, très brune, de profil à droite, en costume de ville assez échancré, regarde un groupe de personnages à peine esquissés.

En bas, on lit : « Janv. 1877. »

Crayon noir, touches de rouge.

Haut., 46 cent.; larg., 32 cent.

54 — *L'Amante du Christ.*

Au pied d'un Christ byzantin à peine esquissé, la Madeleine toute nue s'est accroupie dans une attitude d'humilité passionnée. Première idée du frontispice de la pièce de Rodolphe Darzens.

Crayon rehaussé de sanguine.

Haut., 5o cent.; larg., 3o cent.

55 — *Passé minuit.* (Le retour fait aimer l'absence.)

Une virago aux formes athlétiques vient de sauter nue de son lit et se met en devoir d'étrangler son maigre époux, rentrant de la soirée où il a imprudemment attardé son habit noir.

Crayon noir rehaussé de couleurs.

Haut., 22 cent.; larg., 15 cent.

56 — *A Katow*.

Paysanne vue de dos, debout devant sa cheminée.

Crayon noir légèrement rehaussé.

Haut., 23 cent.; larg., 17 cent.

57 — *Satisfaction*. (Chansons de Collé.)

Une jeune femme, debout devant sa psyché, n'ayant conservé que ses bas et son chapeau, s'assure avec complaisance de la bonne santé de sa poitrine.

Crayon noir légèrement rehaussé.

Haut., 20 cent.; larg., 11 cent.

58 — *Femme en chapeau tyrolien*.

Croquis. Vers 1867.

Crayon noir rehaussé de sanguine.

Haut., 7 cent.; larg., 5 cent.

59 — *Pallas*.

La déesse, vue à mi-corps, de face, est casquée de la chouette classique. Un bouclier protège sa poitrine.

A été gravé dans l'album de la Société internationale des aquafortistes.

Plume et crayon noir rehaussé de sanguine.

Haut., 28 cent.; larg., 18 cent.

60 — *La grande Lyre.*

Une vierge nue aux mamelles aiguës est assise, de profil à gauche, sur un siège rudimentaire dont le dossier se recourbe en point d'interrogation. Les deux mains sur les genoux, elle tient une lyre dont les cordes s'élancent vers le ciel, sa tête est ceinte de lauriers. Les pieds s'appuient sur un crâne.

En bas, on lit : « A Mallarmé Stephane. »

En bas, à droite, une Vérité horrible avec le mot : « *Veritas.* »

Première idée du frontispice de *Pages*, par Mallarmé.

Crayon noir et sanguine.

Haut., 3o cent.; larg., 18 cent.

61 — *Au Musée.*

Devant un groupe représentant un faune donnant à sa nymphe une leçon de flûte, une jeune visiteuse se voile pudiquement de la main et de l'éventail, tout en risquant du bon côté un coup d'œil curieux.

A fait partie de l'Album des Cent Croquis.

Crayon légèrement rehaussé.

Haut., 21 cent.; larg., 16 cent.

62 — *Automne*.

Femme nue rousse, d'une ampleur toute flamande et vue de dos.

Dessin au crayon de couleur légèrement aquarellé.

Haut., 28 cent.; larg., 22 cent.

63 — *Humble modèle*.

Une jeune femme assise, nue jusqu'aux jambes, dans un coin d'atelier. 1895.

Crayons de couleurs et aquarelle.

Haut., 35 cent.; larg., 22 cent.

64 — *Fille*.

Étude de jeune fille trop blonde, la poitrine nue, de trois quarts à gauche.

Figure à mi-jambes.

Crayons de couleur.

Haut., 25 cent.; larg., 20 cent.

65 — *L'Été*.

Une jeune femme, très élégamment vêtue, tenant son ombrelle de la main droite, mais le sein et le bras complètement nus, semble marcher, en plein air, vers la gauche. Figure à mi-corps.

Plume et aquarelle.

Haut., 13 cent.; larg., 7 cent.

66 — *Folie.*

Une femme debout, de face, coiffée d'un bonnet de folie rouge, soulève de sa main gauche un rideau.

Elle est seulement vêtue d'une culotte à claire-voie et transparente.

Crayon rehaussé d'aquarelle.

Haut., 23 cent.; larg., 18 cent.

67 — *Ecchymoses.*

Une jeune femme, debout, en chemise, mais très retroussée, de profil à droite, le genou gauche appuyé sur un meuble.

A droite, on lit : « Première étude pour *Ecchymoses (Les Sonnets du Docteur)*. »

Plume et encre de Chine.

Haut., 27 cent.; larg., 16 cent.

68 — *Le Moine amateur.*

Égaré dans un atelier garni de sculptures très profanes, un bon moine contemple avec une tendre curiosité une statue de Vénus. Derrière un rideau, le modèle passe curieusement sa tête souriante.

A fait partie de l'Album des Cent Croquis.

Plume, rehaussé de blanc.

Haut., 22 cent.; larg., 16 cent.

69 — *L'Olivierade.*

Sous de gros oliviers, une jeune paysanne, debout, emporte sur ses épaules sa récolte de fruits.

Plume et crayon noir.

Haut., 35 cent.; larg., 24 cent.

70 — *Le Docteur.*

Il est assis, de trois quarts à gauche, coiffé du bonnet grec et revêtu du grand tablier blanc.

A droite, une table portant un verre et une assiette.

En bas, on lit : « *Sonnets du Docteur* », étude.

Plume et crayon noir.

Haut., 20 cent.; larg., 11 cent.

71 — *Les Dévotions de Monsieur Roch.*

Debout, devant sa psyché, de profil à droite, une jeune marquise, poudrée, se prépare à passer sa chemise qu'elle élève des deux bras. A gauche, dans le fond, par la porte entrebâillée, apparaît la silhouette d'un galant.

A été gravé comme frontispice de la plaquette portant le titre ci-dessus.

Plume, rehaussé de crayon et sanguine.

Haut., 20 cent.; larg., 15 cent.

GRAVURE

---

72 — *Frontispice des* OEuvres inutiles ou nuisibles.

Gravure sur satin.

Haut., 26 cent.; larg., 16 cent.

PEINTURE

---

73 — *Marine.*

Peinture.

Haut., 24 cent.; larg., 37 cent.

74 — *Dernier soupir.*

Dissimulé à l'ombre de grands arbres, un vieux gentleman, coiffé d'un melon jaune, un parapluie bleu de la main droite, épie avec une émotion dangereuse le dos d'une jeune fille près de prendre son bain.

Peinture à l'huile.

Haut., 44 cent.; larg., 32 cent.

75 — *Sous bois.*

Sous bois d'automne avec personnages.

Peinture.

Autographe de Félicien Rops.

Paris. — Imp. Georges Petit, 12, rue Godot-de-Mauroi. — 5759-98.